LE

SUFFRAGE UNIVERSEL

RATIONNALISÉ

OU

Suffrage universel transformé en Suffrage censitaire, sans cesser
d'être universel, autrement dit Suffrage composite,

PAR

M. J.-B. LACHAUME,

AVOCAT.

Se vend à l'Imprimerie et chez les Libraires de Mâcon.

MACON,

IMPRIMERIE ÉMILE PROTAT.

1878.

LE

SUFFRAGE UNIVERSEL

RATIONNALISÉ

OU

Suffrage universel transformé en Suffrage censitaire, sans cesser
d'être universel, autrement dit Suffrage composite,

PAR

M. J.-B. LACHAUME,

AVOCAT.

MACON,

IMPRIMERIE ÉMILE PROTAT.

1878.

PRÉFACE.

L'AUTEUR AU LECTEUR.

C'est ici une œuvre de bonne foi et de critique, mais nullement satirique et privée, comme dirait Montaigne.

L'auteur, par la réédition de ses idées, n'entend pas se ménager le suffrage des électeurs. Non, il n'a pas l'ambition d'être conseiller municipal, conseiller d'arrondissement, conseiller général, député ou sénateur; mais eût-il cette ambition, il n'hésiterait pas à la mettre de côté, considérant qu'il ne possède pas les qualités qui permettent de briguer utilement cette insigne faveur. En effet, il ne sait pas pratiquer l'hypocrisie politique, aussi condamnable que l'hypocrisie religieuse; l'hypocrisie, qui n'est pas, comme l'exprime une maxime célèbre, un hommage que le vice rend à la vertu, mais bien un piége que le vice tend à la vertu; partant, il ne sait pas dissimuler ce qu'il est pour paraître ce qu'il voit, passer du blanc au rouge ou du rouge au blanc, selon les exigences du moment; il ne sait pas flatter le populaire, lui dorer la pilule, lui promettre ce qu'il ne voudrait ni ne pourrait tenir; il ne sait pas servir de pincettes pour tirer les marrons du feu au profit d'individualités ou de coteries politiques qui affectent un dévouement sans bornes à la cause du peuple, lorsqu'en réalité elles ne songent qu'à en faire le marche-pied de leur ambition.

Autrement dit, l'auteur ne veut être classé ni dans les captants ni dans les captateurs, selon la spirituelle expression de Quintilien, dans le temps et le pays duquel les choses se passaient comme chez nous, ce qui prouve que la pauvre humanité, en traversant les siècles, reste, à la forme près, toujours la même et que, tous les âges étant de la même famille, on doit, sous peine de faire fausse route, tenir grand compte des enseignements de l'histoire qui jalonnent l'avenir.

Voici ce que l'auteur se propose : le suffrage universel doit régner en souverain dans les pays qui tiennent à leur prospérité. Appliqué judicieusement, c'est un excellent paratonnerre politique, il donne une assiette solide et durable aux sociétés qui l'adoptent, quelle que soit, d'ailleurs, la forme de l'exécutif.

Tel n'est pas le *mode de suffrage universel* introduit dans nos institutions en 1848. Celui-là est antisocial, il répugne à la droite raison et à l'équité, il est condamné par les doctrines des économistes, qui tous, d'un avis unanime, Burlamaqui en tête, déclarent l'état de société incompatible avec la loi naturelle sous le joug de laquelle on s'obstine néanmoins à le maintenir.

En effet, n'est-il pas odieux et déplorable de voir un ignoble voyou, un imberbe écervelé, un individu réduit à la mendicité, des gens sans consistance devenir devant l'urne électorale les égaux d'un magistrat recommandable, d'un industriel bien posé, d'un riche propriétaire, d'un ouvrier parvenu à sortir de la foule, à s'élever par son travail, son intelligence et une sage conduite, dont le passé et le présent offrent toutes les garanties de moralité désirables ?

Mais, dira-t-on, ces gens sans consistance ont une certaine valeur électorale dont on doit, en bonne justice, leur tenir compte, quelque minime qu'elle soit. D'accord, mais cette valeur n'étant pas équivalente, le droit qui y correspond ne peut et ne doit être que relatif et proportionnel ; le droit de suffrage devant être en raison des charges et de la *responsabilité des citoyens*.

Donc, l'auteur, en rééditant ses idées, se propose de faire prévaloir un *mode de suffrage universel* préférable de tout point au *mode de suffrage universel* sous l'empire duquel nous votons, qui, après avoir précipité le régime impérial, culbutera, par les mêmes motifs, si on n'y prend garde, la République ; exempt des reproches qu'on adresse à ce dernier, moins exposé au girouettement de l'opinion, plus soucieux de l'équilibre des intérêts, plus apte à entraver l'intrigue, à confondre l'imposture.

Lecteur ! il compte sur toi, sur ton concours, pour mener à bonne fin cette patriotique et difficile entreprise.

Là-dessus, *salve et vale*, comme dirait encore Montaigne, le bon sens fait homme.

Mâcon, 7 mai 1878.

J.-B. LACHAUME.

LE

SUFFRAGE UNIVERSEL RATIONNALISÉ

OU

Suffrage universel transformé en Suffrage censitaire, sans cesser d'être universel, autrement dit Suffrage composite

> La liberté est à l'esprit humain ce que le mouvement est à la matière, elle en est une des propriétés nécessaires aussi-bien que le mouvement est une des propriétés nécessaires de la matière ; mais comme on ne voit pas le mouvement se manifester d'une manière uniforme dans les combinaisons de la nature, de même la liberté ne peut, ne doit avoir qu'une puissance d'action relative dans les combinaisons sociales.
>
> (Extrait de mon *Rapport sur la boulangerie*, lu au Conseil municipal de Mâcon.)

Liberté est un mot fascinateur, vertigineux, dont les agitateurs, les ambitieux, les mécontents ont trop souvent abusé pour remuer le monde depuis l'origine des sociétés.

Dire quel en est le sens et la portée, c'est faire tomber de leurs mains cette arme redoutable, c'est détruire la cause de bien des troubles dont nous déplorons les funestes effets.

Qu'est-ce donc que la liberté ? La liberté est une faculté essentielle de la volonté. On ne peut concevoir l'une sans l'autre. Retranchez la liberté, la volonté n'est plus qu'un mythe, un être de raison, un désir stérile, la responsabilité humaine disparaît. La volonté libre s'affirme positivement ou négativement.

Ses agissements sont déterminés et réglés par *l'instinct de la conservation individuelle* qui, à moins d'erreur, d'égarement des sens et de la raison, n'abandonne jamais l'homme et l'invite à rechercher ce qui lui est utile et agréable, à éviter, à fuir ce qui lui est nuisible ou contraire. L'instinct de la conservation individuelle est le grand modérateur de la volonté libre, il doit servir de base à la solution de tous les problèmes politiques et économiques.

Partant de là, l'homme, comprenant que l'isolement lui est fatal, qu'il est pour lui une cause de faiblesse, s'est, pour en sortir, rapproché de ses semblables, en faisant à cette nécessité le sacrifice indispensable d'une partie de ses prérogatives naturelles, de sa faculté de vouloir, de sa liberté.

Telle est l'origine des sociétés. Mais une société ne peut subsister sans un pacte qui fixe les rapports des associés entre eux, qui précise la règle, l'étendue des sacrifices imposés à chacun de ses membres, ce qui est permis ou défendu, prescrit ou réservé.

Le pacte social étant convenu, qui repoussera les attaques auxquelles il est exposé? Qui en fera observer les prescriptions quand elles seront méconnues? Ici se fait sentir la nécessité d'un pouvoir exécutif, autorité à laquelle est déféré ce mandat, mandat bien difficile à remplir, car, tout ne pouvant être prévu, il y a souvent obligation de pourvoir à des difficultés fortuites et de concilier des intérêts contraires.

Ce pouvoir reçoit différentes appellations selon la forme qu'il affecte : il est monarchique, oligarchique ou démocratique.

On voit, par ce qui précède, que ce pouvoir ainsi que le pacte dont il est le corollaire doivent être le résultat, l'expression des volontés individuelles s'affirmant par le suffrage et quelquefois exceptionnellement par le consentement tacite, seules manières de se manifester.

L'exercice du suffrage est un droit civil créé par la société, qui en règle les conditions d'existence dans un intérêt d'ordre et de prospérité publique.

Il existe plusieurs modes de suffrages : le suffrage est universel ou restreint ; il est direct ou indirect.

Le suffrage restreint n'admet au vote que quelques individualités occupant une position sociale déterminée ; au contraire, le suffrage universel n'excepte personne ; par cela même qu'on est citoyen, quels que soient le rang, la fortune, nous dirons presque la valeur personnelle, on est électeur.

Le suffrage est direct lorsqu'il opère sans délégation de mandat; il est indirect ou à plusieurs degrés lorsqu'il s'exerce par voie de délégation. Tous ces modes de suffrages ont été discutés à différentes époques par des publicistes du plus rare mérite ; ils ont subi l'épreuve de l'expérience sans qu'aucun d'eux ait obtenu une préférence incontestable.

Il est un autre mode de suffrage que nous appellerons *composite,* parce qu'il procède de tous les modes de suffrages que nous venons de définir. Cette combinaison, qui nous appartient, est la transformation en suffrage censitaire du suffrage actuel, qui n'en conserve pas moins sa manière d'être universel. Nous l'avons conçue en 1848 et fait imprimer en 1852, quand il s'est agi de réviser la Constitution, après avoir vu fonctionner le mode de suffrage universel issu de la Révolution de 48, qui nous semblait reposer sur une base fausse, peu équitable, dangereuse. Nous l'avons alors livrée à la publicité en un petit nombre d'exemplaires distribués seulement à quelques amis, quelques publicistes, quelques hommes d'État. C'est cette publication, nous le supposons du moins, qui a suggéré à M. L. P., rédacteur d'un journal important, *le Siècle,* la pensée de rechercher et d'exposer dans les colonnes de ce journal les différentes manières de voter usitées jusqu'à cette *date, 1852.* Travail curieux, qui fait ressortir l'importance et la nouveauté du système électoral que nous avons imaginé.

Édité une deuxième fois en 1867, nous le rééditons une troisième fois, toujours à la sollicitation de personnes qui, lui ayant donné leur approbation, ont pensé qu'il était utile, dans un intérêt d'ordre, d'en propager les saines doctrines.

Nous avons dit plus haut pourquoi le suffrage ou sa raison d'être et sa nécessité ; nous allons dire actuellement comment le suffrage ou sa manière d'être, à notre sens, la plus favorable à l'ordre social.

Ce sera l'exposé de notre combinaison électorale, telle qu'elle a été mise au jour en 1867, néanmoins revue, corrigée et augmentée de sa conversion en projet de loi, suivie d'une légende explicative.....

Il faut en convenir, la science politique est loin d'être en progrès. Si, semblable aux nuages, elle affecte à nos regards étonnés des formes incertaines, variées, bizarres, mobiles ; si chacun croit la posséder infuse, si elle est vague, pleine de doutes et d'obscurités, c'est qu'elle n'a pas encore été érigée en corps de doctrine, *à l'instar des mathématiques et des sciences naturelles*, et qu'elle est trop souvent envisagée au point de vue exclusif de l'intérêt privé, *sans le rattacher à l'intérêt général* avec lequel il doit se confondre.

Il suffirait, pour créer cette science, de recueillir, comme notions préliminaires et fondamentales, les axiomes moraux et politiques, vérités qui, toutes d'intuition et de sentiment, ne se démontrent pas et servent à démontrer toutes les autres dont elles sont, en quelque sorte, le criterium. L'axiome est le point de départ de toute démonstration.

Les enseignements de l'histoire, les aphorismes politiques de Letrône, membre de l'Institut, les maximes de Larochefoucaud, les fables de Lafontaine, les écrits de Montaigne, de Machiavel et de Montesquieu, compulsés, étudiés avec soin, fourniraient les matériaux de cet utile travail.

La question électorale qui nous occupe en ce moment justi-fierait au besoin les observations qui précèdent. A-t-elle avancé d'un pas depuis l'inauguration du régime constitutionnel ? Est-elle moins controversée et moins controversable ?

Hélas, non ! Hier, l'élément propriétaire excluait du suffrage l'élément individuel, aujourd'hui, c'est le contraire qui a lieu, l'élément individuel domine exclusivement. Nous ne savons garder aucune mesure, toujours nous tombons dans les extrêmes. En vain le temps, ce sage vieillard, nous donne ses avertisse-ments, nous ne l'écoutons pas. Si sa voix, qui est celle de l'expérience, eût été entendue, il y a longtemps que nous aurions compris que le système électoral le plus vrai, le seul praticable, serait celui qui combinerait les deux éléments, propriétaire et individuel, pour les faire concourir au même but. En effet, on aurait reconnu que, s'il est juste d'accepter l'action électorale de l'individu, il est également juste et prudent tout à la fois de donner à la propriété, objet de tant de convoitises, présentée par l'histoire, considérée par la Constitution comme une néces-sité sociale, les prérogatives qui lui reviennent de droit, pour qu'elle puisse, sous la protection immédiate de la loi électorale, repousser les attaques dirigées contre elle, de quelque part qu'elles viennent.

La protection morale dont on la couvre est insuffisante. On oublie trop que le moyen le plus sûr d'intéresser l'homme à bien faire, c'est de le placer dans l'impossibilité de faire le mal.

Aussi le mode de suffrage universel dont la Révolution de février 48 nous a pourvus, est-il un contre-sens social plein de dangers, les faits l'ont démontré ; il n'a pas de raison d'être en France, où s'agitent tant d'intérêts distincts et opposés ; absolu, il blesse la véritable égalité qui, en bonne justice, doit y être relative.

Il serait convenable dans un pays courbé sous la fatale et despotique domination du communisme, qui ne saurait imaginer rien de mieux approprié à sa Constitution, s'il n'était pas une utopie, le rêve d'une imagination en délire ; en effet, on comprend qu'il soit logique d'attribuer des droits électoraux identiques dans un pays où, tous les biens étant mis en commun, chacun a le même intérêt à la conservation, à la prospérité de la chose commune, en un mot, que des droits identiques correspondent à des intérêts identiques.

C'est en vain qu'on a cherché à pallier les vices inhérents à ce mode de suffrage signalés par l'expérience, notamment par la loi du 31 mai, qui faisait dépendre la qualité d'électeur d'une résidence plus ou moins prolongée dans une localité, loi qui a été bien vite rapportée à cause de son insuffisance reconnue. Ces tentatives avortées n'ont pas été cependant sans résultats utiles ; elles ont démontré qu'il était urgent d'opérer une réforme radicale, une réforme de principes. Quelle doit-être cette réforme ? Comment l'opérer ? Là est la question. Nous l'avons dit, à notre sens : relier le passé au présent, rapprocher les deux éléments, propriétaire, individuel, qui jusqu'alors se sont repoussés, les combiner de manière à fixer leur importance relative et, par suite, le rôle que chacun d'eux est appelé à jouer dans notre loi électorale. Qu'il nous soit permis d'emprunter quelques aperçus à la physique, qui aplaniront les difficultés de notre tâche et jetteront une vive lumière sur notre travail.

Dans le monde matériel, dans le monde physique, deux forces se disputent la matière, c'est d'un côté la force centripète, c'est de l'autre la force centrifuge.

La première, la force centripète, en attire les molécules vers un centre commun, autour duquel elle les groupe, les réunit.

La deuxième, la force centrifuge, tend à isoler ces mêmes molécules, à les disputer à l'action de la force centripète, à les éloigner du centre commun.

Supposons que l'une de ces deux forces l'emporte sur l'autre, qu'arrivera-t-il ? Si c'est la force centripète qui fait sentir une action attractive irrésistible, la matière deviendra si dense qu'elle ne sera plus qu'un bloc de pierre frappé de stérilité à cause de son impénétrabilité ; si, au contraire, l'action répulsive de la force centrifuge l'emporte, la matière sera divisée à l'infini, ses molécules iront se perdre en rayonnant dans l'espace, et, à défaut d'une juxtaposition suffisante, ne pourront plus combiner leurs propriétés de manière à produire les merveilles qui excitent notre admiration.

L'existence du monde, l'ordre et l'harmonie qu'on y remarque, sont donc subordonnés à l'équilibre bien mesuré entre ces deux forces.

Eh bien ! on observe quelque chose de semblable dans le monde moral, dans les sociétés humaines.

Deux forces sollicitent également l'homme en sens inverse. C'est, d'un côté, la force d'agrégation sociale ; c'est, de l'autre, la force liberté, force de désagrégation, d'indépendance sociale. La force agrégation a pour cause le sentiment de faiblesse, d'infériorité, de défiance, qui s'empare de l'homme lorsqu'il est isolé, et qui le pousse à se rapprocher de ses semblables, à unir avec leur action et leur volonté son action et sa volonté, afin de surmonter plus facilement les obstacles que la main de fer du destin oppose à la satisfaction de ses besoins.

La force agrégation a pour effet d'appeler, de diriger les volontés individuelles, molécules humaines, vers un centre commun où elles se combinent et se confondent en une volonté unique, résultante, qui est l'expression de la convention sociale, représentée et défendue par une autorité dite pouvoir exécutif, qui en dérive.

La force liberté, force d'indépendance sociale, force de désagrégation, tend à soustraire les volontés individuelles à l'action absorbante de la force agrégation, à les éloigner du centre commun, à les rendre indépendantes.

Cette force a pour cause l'antipathie de l'homme pour tout ce qui le contraint et le gêne, disposition qui le porte à revenir sur les concessions faites à la force agrégation ; obéissant alors aux inspirations d'un égoïsme irréfléchi, avide de jouissances, il se révolte contre la loi commune afin de mieux satisfaire ses appétits, de mieux suivre ses penchants.

De l'équilibre, d'une juste pondération entre ces deux forces, naissent l'ordre et la prospérité publique.

Il est nécessaire, pour obtenir cet équilibre, que la force agrégation ne paralyse pas la force liberté ; il faut que la force liberté s'entende avec la force agrégation, l'une faisant à l'autre, dans une sage mesure, certaines concessions.

Ce résultat sera atteint si les volontés individuelles concourent à la formation de la volonté collective, de la volonté résultante, l'effet étant toujours d'accord avec sa cause. D'où cette conclusion : tout individu a droit de suffrage à moins d'incapacité à raison de l'âge ou d'indignité.

Ce droit sera-t-il absolu, radical, exclusif? Non, il sera modifié par le milieu social où il est placé et sera partagé avec la propriété aussi nécessaire à l'existence de l'individu que l'air qu'il respire. La Révolution de février a méconnu son importance suprême en la frappant d'une espèce d'interdit : la propriété est la fée dont la baguette magique a transformé notre demeure terrestre. L'homme, en marchant à sa conquête comme à la conquête de son indépendance, déploie cette activité, cette intelligence, qui font éclore les sciences, les arts et l'industrie. Que la propriété disparaisse, qu'elle soit seulement inquiétée dans son existence, tout change de face : l'ordre social est compromis, la civilisation est frappée au cœur.

Citons à l'appui de cette thèse l'exemple de deux républiques de l'antiquité, de Sparte et d'Athènes. Lycurgue comprime par les lois sévères qu'il édicte l'expansion de l'esprit de propriété : Sparte reste une triste et misérable cité peuplée de guerriers sauvages obligés de vivre de rapine ; tandis qu'Athènes, dont les lois sont plus conformes à la nature humaine, où l'acquisition et la possession de la propriété ne sont pas contrariées, voit se produire dans son sein tout ce qui constitue la civilisation la plus avancée, brille d'un éclat incomparable, enfante des chefs-d'œuvre en architecture, en peinture, en sculpture, en poésie, en philosophie, etc., qui nous servent aujourd'hui de modèles dont nous ne pouvons atteindre la perfection lorsque nous cherchons à les imiter.

Aussi la propriété mérite à tous égards d'être glorifiée et protégée puisqu'elle est un énergique stimulant du travail, qui est le continuateur de l'œuvre de Dieu, de l'œuvre de la création, et que, sans travail, nulle société ne peut subsister ; l'oisiveté est, dit-on, la mère de tous les vices ; il serait logique d'ajouter que le travail est le père de toutes les vertus.

Si donc il est permis à l'individu de garantir de toute atteinte, par le suffrage, ce que le pacte social lui a réservé d'individualité naturelle, il est évident que la propriété, agent social moralisateur auquel son existence est attachée, doit avoir, à plus forte raison, le même moyen de défense, le suffrage, dont elle pourrait être victime dans un moment d'aberration de l'esprit public. Mais la propriété étant un être abstrait ne peut voter elle-même ; à qui confiera-t-elle son mandat électoral ? A celui qui a le plus d'intérêt à le bien remplir, naturellement à celui qui la possède.

L'action électorale de l'individu se confond ainsi avec celle de la propriété. Supposons que chacune de ces deux actions prises séparément représente une unité, ces deux actions réunies sur la tête de l'individu mandataire de la propriété lui donneront une importance double de celle qu'il avait sans cette adjonction.

On entend par propriété toute valeur mobilière, immobilière ou industrielle, productive ou improductive, imposée ou imposable.

On voit, par ce qui précède, qu'il y a nécessité de rétablir le cens pour réaliser notre combinaison.

Le cens est la possession d'une certaine quantité de propriété ou de revenu, ou une redevance annuelle dite impôts due et payée à l'État, lesquelles sont exigées par la loi pour être électeur.

Le cens est une garantie de moralité, de sincérité et d'indépendance du suffrage, l'électeur qui y est soumis étant intéressé à voter sagement dans la crainte de compromettre sa fortune.

Il faut bien que le cens présente des avantages sérieux pour que Servius Tullius, roi de Rome, ait jugé à propos de le substituer au vote par tête (c'est-à-dire sans acception de cens) qui, jusqu'alors, avait été l'interprète des volontés populaires, et que celui-ci lui ait paru plein de dangers et de menaces.

On n'accusera pas ce prince d'avoir manqué de libéralisme et d'intelligence, lui qui a doté le pays qu'il administrait de tant d'institutions utiles, et qui, lorsqu'il fut assassiné par son gendre Tarquin le Superbe de complicité avec sa fille, se proposait d'abdiquer et d'établir le gouvernement républicain sur les ruines de la royauté.

Mais comment fixer la quotité du cens ? Rien de plus simple : l'abaisser assez pour qu'il ne paraisse pas consacrer un privilége, l'élever assez pour que l'électeur soit intéressé à la conservation de la propriété.

Ce mode de fixation du cens est tout conventionnel, bien que rationnel, renfermé dans les limites que nous avons indiquées, il laisse une trop large place à l'arbitraire. Le cens conventionnel, néanmoins, est le seul, faute de mieux, qui ait été pratiqué jusqu'à ce jour.

Il nous semble cependant qu'il y aurait moyen de donner au cens une base moins variable, moins fantaisiste, ce serait de diviser la masse des impôts par le chiffre de la population, et de prendre le quotient pour cens.

Partant de cette supposition qu'il y a eu un moment où les parts de biens afférentes à chaque citoyen ont été égales, ce qui donnait à chacun d'eux un droit égal, et que, si elles ont cessé de l'être, c'est par suite de l'inintelligence, de l'inconduite, des malheurs de quelques-uns d'entre eux qui, en aliénant tout ou partie de ce qui leur avait été dévolu, ont aliéné, dans la même proportion, les droits qui y étaient attachés.

Comment établir cette proportion, ce qui revient à dire combien faut-il de non-censitaires pour valoir un censitaire ? Calcul facile : il en faudra autant que la somme d'impôts payée par les non-censitaires sera contenue de fois dans la somme d'impôts payée par les censitaires. C'est une division à faire, le quotient donne ce nombre. Est-elle contenue deux ou quatre fois ? Ce rapport sera de un à deux ou de un à quatre, c'est-à-dire qu'un censitaire vaudra deux ou quatre non-censitaires. La classe moyenne deviendrait alors, par l'adoption de notre théorie, prépondérante, et elle doit l'être puisqu'elle représente ce qu'il y a d'essentiel dans une nation, le travail, l'épargne, le capital. C'est d'ailleurs l'opinion professée par un illustre homme d'État et député, Royer-Collard, qui, dans la Chambre de 1817, à propos d'un projet de loi électorale, s'exprimait ainsi: « *L'influence* de la classe moyenne est un fait, un fait pressant, *les siècles l'ont préparée*, la Révolution l'a *déclarée*. »

C'est à cette classe que les intérêts nouveaux appartiennent ; tout ce qui peut compromettre la prépondérance des classes moyennes trouble la sécurité publique, menace d'un danger l'ordre établi. Cette prépondérance dépend du mode d'élection. Cette même proposition a été soutenue avec éclat et succès,

séance de la Constituante du 16 août 1791, par l'illustre et
honnête Barnave, duquel Mirabeau mourant disait : « C'est un
jeune arbre qui deviendra un mât. »

Plusieurs formules réalisent, en résumant les données qui
précèdent, notre théorie électorale.

La première formule consiste à séparer l'universalité des
citoyens en deux classes : d'un côté, les censitaires (ou mandataires de la propriété) ; de l'autre, les non-censitaires (ou non-
mandataires de la propriété). Chacune de ces deux classes vote
selon son importance sociale ; les censitaires votent directement,
les non-censitaires par délégation, deux ou quatre d'entre eux
(si telle est leur valeur relative) s'entendent pour désigner un
des leurs auquel ils défèrent le mandat de voter pour eux avec
les censitaires.

Il est à remarquer que le non-censitaire ainsi désigné devient
possesseur par délégation du cens exigé du censitaire.

Deuxième formule ; les censitaires étant reconnus avoir une
valeur double ou quadruple de celle des non-censitaires, pour-
raient nommer deux ou quatre députés, tandis que les non-censitaires au lieu de nommer des délégués nommeraient un seul
député.

Troisième formule : les non-censitaires auraient la faculté d'éli-
miner de la liste des censitaires un certain nombre d'entre eux
qui ne leur conviendraient pas ; ils procéderaient ainsi, par voie
de récusation, comme en matière criminelle, considérant que
la loi qui base la présomption de capacité électorale sur le cens
peut se tromper et qu'en définitive le candidat à élire est le
magistrat qui prononcera sur les intérêts des uns et des autres.

Dans ce cas, on éliminerait autant de censitaires que de non-
censitaires auraient été appelés à voter par délégation : si on
eut procédé d'après les errements de la première formule, ce
nombre étant l'équivalent de celui des non-censitaires auxquels

le scrutin est refusé, d'éliminés les non-censitaires deviendraient alors, par voie de juste réciprocité, éliminateurs.

Enfin, le droit de voter comme les censitaires serait accordé à tout capitaliste qui, ne payant pas le cens, consentirait à le payer pendant le temps qui s'écoulerait d'une législature à une autre. L'inscription, dans ce cas, aurait lieu sur les listes électorales, au moment de leur révision, sur la demande qui en serait faite, ce qui serait pour l'État une source de revenus.

Tel est notre mode de suffrages avec quelques-unes des combinaisons dont il est susceptible.

Il nous semble l'emporter de beaucoup sur le suffrage universel usité, car, outre qu'il est universel comme lui, il respecte la véritable égalité, en appelant au vote autant que possible chacun selon son importance sociale.

Il a, de plus, l'avantage de rassurer les intérêts très-prompts à s'effrayer la veille des élections, car il est démontré que le sort en est confié à des mains qui ne sauraient les compromettre, puisqu'il possède les trois garanties que l'illustre Barnave exige de tout bon corps électoral : l'éducation, source de la lumière, un intérêt particulier tellement soudé à l'intérêt général que l'un est obligé de défendre l'autre, l'indépendance qui le met hors des atteintes de la corruption, garanties qui reposent sur une certaine aisance affirmée par le cens.

Enfin, il n'y a aucun inconvénient à laisser à nos électeurs, qui sont essentiellement des hommes d'ordre, la faculté de choisir les députés dans toutes les classes de la société, censitaires ou non-censitaires.

Nous sommes arrivé au bout de notre tâche ; l'aurons-nous remplie à la satisfaction de nos lecteurs, si tant est que nous en ayons ? c'est ce que nous saurons plus tard ; si nous avons touché juste, nous serons heureux d'avoir enrayé le char de la Révolution, qui ne porterait plus, selon l'expression d'Auguste Barbier, une femme aux regards courroucés, menaçants, en tout semblable à une bacchante échevelée. Non, notre liberté personnifiée, à nous, n'est pas repoussante ; de Minerve elle a le port, le regard calme, réfléchi, plein d'attraits ; elle n'a pas le front ceint d'un casque, mais d'une couronne de fleurs ; au lieu d'une lance et d'un bouclier, elle tient d'une main une branche d'olivier, et de l'autre une corne d'où s'échappe l'abondance. Voilà l'image de notre liberté, de la liberté objet de notre culte.

IIe PARTIE.

Conversion de notre combinaison électorale en projet de loi.

––––––

Convertir notre combinaison électorale en projet de loi, c'est démontrer jusqu'à l'évidence que l'application en est facile, contrairement à l'opinion des plus récalcitrants, c'est prouver le mouvement en marchant.

ARTICLE 1er.

Tout pacte social, ainsi que l'exécutif (gouvernement), émane de la volonté nationale exprimée par le suffrage.

ART. 2.

Le cens est rétabli, le cens est une certaine quantité d'impôts payés à l'État, exigée pour être électeur; elle est assise sur une valeur ou sur son produit. Le cens est arbitrairement conventionnel ou rationnellement mathématique; ce dernier est adopté.

ART. 3.

On détermine la quotité du cens mathématique en divisant la masse des impôts payés à l'État par le chiffre de la population ; le quotient exprime cette quotité.

ART. 4.

La quotité du cens étant déterminée, les impôts cumulés des censitaires sont soustraits de l'impôt général, ce qui donne pour

excès en différence la part d'impôts à la charge des non-censitaires (représentant la somme de valeurs avec les droits
correspondants qu'ils sont supposés ne pas avoir aliénés).

ART. 5.

Deux catégories d'individus sont alors en présence, les censitaires et les non-censitaires, dont il importe de fixer la valeur
relative, afin d'attribuer à chacune son rang et son importance
électorale.

ART. 6.

On obtient ce rapport en divisant la somme d'impôts à la
charge de la catégorie des censitaires par la somme d'impôts à
la charge des non-censitaires, autant de fois cette dernière sera
contenue dans la première, autant il faudra de non-censitaires
pour équivaloir à un censitaire ; est-elle contenue deux ou
quatre fois ? deux ou quatre non-censitaires devront s'entendre
pour désigner un des leurs, auquel ils feront ainsi le cens et qui,
le jour de l'élection, viendra par délégation voter avec les
censitaires.

Autre application de la valeur relative des censitaires et des
non-censitaires, tandis que ces derniers, au lieu de nommer des
délégués, nommeraient un député, les censitaires en nommeraient
deux ou quatre, chaque catégorie votant sans la participation de
l'autre.

ART. 7.

Supposant toujours que les chiffres deux et quatre représentent
la valeur relative des censitaires et des non-censitaires, on procède à la fixation du nombre des délégués, en divisant par deux ou
quatre le nombre des individus composant la catégorie des non-
censitaires intégralement, sans élimination aucune, à raison de
l'âge, du sexe, d'indignité ; le quotient indique ce nombre.

Art. 8.

Après cette opération, on retranche de la liste des non-censitaires les incapables ci-dessus désignés, car, s'ils ont le droit d'être représentés, ils ne peuvent avoir celui de voter, et ce qui reste choisit et fournit les délégués.

Le même résultat pourrait s'obtenir par la voie du sort : les délégués seraient les premiers noms sortant de l'urne, qui renfermerait le nom de tous les censitaires, moins cependant ceux des incapables éliminés, comme il est dit ci-dessus.

Art. 9.

Outre le cens, il faut, pour avoir qualité d'électeur, être citoyen français, avoir un domicile acquis, ne pas être incapable, être âgé de vingt-cinq ans.

Art. 10.

Est éligible, sans acception de cens, tout citoyen français ayant un domicile connu, âgé de trente ans, non frappé d'incapacité.

OBSERVATIONS COMPLÉMENTAIRES.

On doit, pour bien saisir la justesse, toute la valeur de notre combinaison électorale, ne pas perdre de vue, une supposition que nous avons faite et qui la met en lumière : nous avons supposé qu'à un certain moment de notre système social, on avait procédé à un partage égal des biens de toute nature ; qu'à partir de ce moment, les droits et les charges correspondant aux parts de chacun étant identiques, chacun avait le même intérêt à la conservation de la chose publique, partant la même valeur électorale, le même droit de participer à sa gestion, mais qu'avec le temps cette identité avait disparu ; que, par des causes diverses, tandis que les uns avaient conservé et même augmenté leurs parts d'attribution, les autres, au contraire, l'avaient aliénée, en transmettant à ceux qui leur avaient succédé les droits et les charges qui y étaient attachés, qu'ainsi s'était établie et se justifie l'inégalité électorale.

Il est en effet équitable que ceux qui supportent le poids le plus lourd des impôts aient aussi la part la plus large dans la confection des lois, qui toujours aboutissent à une contribution d'argent ; agir autrement serait manquer aux prescriptions du plus simple bon sens, de la justice et de la prudence ; ce serait mettre ceux qui possèdent plus à la merçi de ceux qui possèdent moins, car ces derniers étant plus nombreux, ce serait les exposer à une spoliation d'autant plus odieuse qu'elle se pratiquerait sous le couvert de la loi, avec une apparence de légalité.

Mon système est, d'ailleurs, d'accord avec les opinions de Montesquieu, de Voltaire, de Burlamaqui, qui déclarent l'égalité impossible dans l'état de société, qui déclarent même l'inégalité nécessaire.

Il est de plus d'accord avec les lois de la nature qui en tout et partout proclame par ses œuvres l'inégalité.

Qui oserait soutenir que le faible et flexible roseau est l'égal du chêne robuste qui défie l'action du temps et brave les efforts de la tempête, que le ciron microscopique est l'égal du gigantesque éléphant aux pieds duquel il rampe, que tous les hommes sont également forts et intelligents ? La nature est ennemie de l'uniformité, elle est prodigue de contrastes ; diversité est la devise et la loi à laquelle elle soumet ses créations.

La nature a donné à chaque être créé une organisation spéciale, de laquelle dérivent les aptitudes, les penchants qui déterminent la destination individuelle, autrement dit la vocation, d'où il est permis de conclure que l'inégalité des organisations a enfanté la hiérarchie sociale contre laquelle se révoltent des esprits jaloux et médiocres qui, se sentant incapables de s'élever, cherchent à abaisser ceux qui sont au-dessus deux, à les mettre à leur niveau.

Mais on aura beau dire et beau faire, l'homme faible de corps et d'esprit, qui, semblable au lierre, a besoin d'appui, qui a besoin d'être éclairé, dirigé, est forcément subordonné à l'homme fort et intelligent, qui peut l'éclairer, le diriger, le protéger, qui, en un mot, peut suppléer sa médiocrité, sa nullité.

L'égalité qu'on s'efforce d'introduire dans nos institutions est, nous l'avons dit, antisociale, elle serait funeste, car elle paralyserait l'activité humaine, et par suite le travail, auquel elle serait aussi nuisible que pourrait l'être l'application de la théorie du droit au travail de Louis Blanc, en menaçant indirectement la propriété; qui voudrait travailler sans la certitude de jouir du bénéfice de son travail ?

Le régime d'égalité auquel on voudrait nous soumettre n'est d'ailleurs pas nouveau, il est renouvelé des doctrines égalitaires du citoyen Gracchus Babeuf, triste imitateur des Gracques, qui n'a pas réussi à les faire prévaloir.

Il y a longtemps qu'il n'en serait plus question, si l'erreur n'était une maladie chronique de l'esprit humain.

En pareille matière, il n'y a de rationnel que l'égalité relative, que l'égalité devant la loi, qui n'est autre chose que l'obligation imposée à chacun d'obéir aux dispositions de la loi qui le concerne, sans acception de rang et de fortune, la loi fût-elle mauvaise, jusqu'à sa réformation.

Mais pour que la loi soit obéie sans conteste, pour qu'elle ne rencontre pas d'opposition, elle doit être juste, protectrice de tous les intérêts, jamais oppressive; elle possédera ces qualités, si le suffrage, moule dans lequel on la jette, repose lui-même sur des principes de justice et d'équité certains, incontestables.

Bien examinée, notre combinaison électorale nous paraît réunir tous ces avantages; elle est destinée à être l'ancre de salut des sociétés modernes, dont elle favorise les tendances commerciales, en éloignant autant que possible les causes de perturbation qui en arrêtent l'essor, en rassurant le crédit, auxiliaire indispensable du commerce; sans pareille dans l'histoire des constitutions, elle réalise, par de simples calculs, ce qui paraît impossible de prime abord : convertir le suffrage censitaire en suffrage universel, vraiment universel.

Nous avons composé deux fables; l'une sur les rapports du patron et de l'ouvrier, l'autre sur les rapports de l'argent et du papier-monnaie, pour combattre deux propositions d'économie socialistes.

Nous avons pensé qu'il n'était pas hors de propos de les

publier, sous forme d'épilogue, après l'exposé de nos combinaisons électorales, car elles abondent dans leur sens, en démontrant les dangers que court la propriété, et la nécessité d'une réforme électorale qui lui permette de se défendre contre les attaques même du suffrage mis en œuvre par les doctrines d'un socialisme inintelligent, ignorant, qui déprave l'opinion des classes laborieuses, doctrines perverses, lesquelles, semblables à la mauvaise herbe, se répandent vite et partout, qui font litière du présent qui, cependant, nous laisse vivre, et le sacrifient à un avenir imaginaire, incertain.

LE COLON, L'ANE ET LE PROPRIÉTAIRE

FABLE.

Certain jour, le colon dit au propriétaire :
Sans moi, sans mon travail, vous mourriez de misère,
Car c'est moi seul qui cultive vos champs,
Tandis que vous, vous prenez du bon temps ;
Il est donc de saine justice
Que ma part dans le bénéfice
Se forme des plus riches lots
Pour ma sueur qui coule à flots.
L'âne goûte fort ce langage
Qui paraît à son avantage ;
On lui fait porter sur le dos
De la ferme les lourds fardeaux ;
Il va de la ville au village
Pour tous les besoins du ménage,
Il aide à creuser les sillons
D'où sortent les blondes moissons ;
De plus, fécondant la semence,
Il produit aussi l'abondance ;
Après, dit-il, tant de travaux,
On lui doit les meilleurs morceaux.
Voyez où tend cette logique,
Triste enfant de la politique !
A dépriser un objet principal,
L'intelligence et puis le capital.

Ouvriers, à son tour dit le propriétaire,
Pourtant, que feriez-vous sans un tel auxiliaire ?
　　Vous ne pourriez sans lui faire un seul pas,
　　Utilisez votre force et vos bras;
　　Le capital, c'est l'argent, c'est la terre,
　　L'intelligence est le propriétaire
　　Qui du travail fournit ces instruments,
　　Et dont l'esprit conçoit les sages plans
Qui doublent, dans les champs, les fruits de la récolte.
Cessez-donc, contre lui, de vous mettre en révolte !
Reconnaissez ses droits ! gardez-vous d'être ingrats !
Vous avez comme lui votre rôle ici-bas
Auquel, par intérêt, vous devez vous soumettre,
Si vous songez qu'un jour vous voudrez être maître.
Ouvrier, patron sont solidaires au point
Que par les maux de l'un l'autre est toujours atteint.
　　　Leur salut est dans la concorde,
　　　Et leur perte dans la discorde.

LE BILLET DE BANQUE ET L'ARGENT

FABLE.

Le billet et l'argent se disputaient l'empire :
Le billet sur l'argent prétendait l'emporter.
    L'argent lui dit : Tu me fais rire,
    Vaniteux chiffon de papier !
    Tu aurais moins de suffisance
    Si tu n'avais trop oublié
    Que tu serais sans consistance
    Si je n'étais ton allié.
    Va ! crois-moi, l'homme aura beau faire,
    Tu ne saurais me supplanter,
    Je lui suis par trop nécessaire
    Pour qu'il ose me détrôner ;
    Je le fais citoyen du monde,
    A sa chaîne il n'est plus rivé ;
    De par ma valeur sans seconde,
    Je suis pour lui la liberté.
    Sois donc satisfait d'être utile,
    Affermi par mon union,
    Ta tâche alors sera facile,
    Borne là ton ambition.
    On voit plus d'un fonctionnaire
    De tout point semblable au billet,
    Plein de sa valeur éphémère,
    De son emploi simple reflet.

J.-B. LACHAUME.

www.ingramcontent.com/pod-product-compliance
Lightning Source LLC
Chambersburg PA
CBHW060805280326
41934CB00010B/2570